2020-2021

Checking & Debit Register

This Book Belongs to

_____

If found Please return to or call/email

_____

_____

_____

Starting Balance: _____   **Dates:** _____

Date	Code/No.	Description	Debit (-)	Credit (+)	Balance

Notes

Starting Balance: _____ **Dates:** _____

Date	Code/No.	Description	Debit (-)	Credit (+)	Balance

Notes

Starting Balance: _____ **Dates:** _____

Date	Code/No.	Description	Debit (-)	Credit (+)	Balance

Notes

Starting Balance: _____   **Dates:** _____

Date	Code/No.	Description	Debit (-)	Credit (+)	Balance

Notes

Starting Balance: _____ **Dates:** _____

Date	Code/No.	Description	Debit (-)	Credit (+)	Balance

Notes

Starting Balance: _____ **Dates:** _____

Date	Code/No.	Description	Debit (-)	Credit (+)	Balance

Notes

Starting Balance: _____   **Dates:** _____

Date	Code/No.	Description	Debit (-)	Credit (+)	Balance

Notes

Starting Balance: _____ **Dates:** _____

Date	Code/No.	Description	Debit (-)	Credit (+)	Balance

Notes

Starting Balance: _____ **Dates:** _____

Date	Code/No.	Description	Debit (-)	Credit (+)	Balance

Notes

Starting Balance: _____   **Dates:** _____

Date	Code/No.	Description	Debit (-)	Credit (+)	Balance

Notes

Starting Balance: _____ **Dates:** _____

Date	Code/No.	Description	Debit (-)	Credit (+)	Balance

Notes

Starting Balance: _____ **Dates:** _____

Date	Code/No.	Description	Debit (-)	Credit (+)	Balance

Notes

January 2020

Ending Balance: _____

Sun	Mon	Tue	Wed	Thu	Fri	Sat
29	30	31	1	2	3	4
5	6	7	8	9	10	11
12	13	14	15	16	17	18
19	20	21	22	23	24	25
26	27	28	29	30	31	1

Notes

_____
_____
_____

Starting Balance: _____ **Dates:** _____

Date	Code/No.	Description	Debit (-)	Credit (+)	Balance

Notes

Starting Balance: _____ **Dates:** _____

Date	Code/No.	Description	Debit (-)	Credit (+)	Balance

Notes

Starting Balance: _____ Dates: _____

Date	Code/No.	Description	Debit (-)	Credit (+)	Balance

Notes

February 2020

Ending Balance: _____

Sun	Mon	Tue	Wed	Thu	Fri	Sat
26	27	28	29	30	31	1
2	3	4	5	6	7	8
9	10	11	12	13	14	15
16	17	18	19	20	21	22
23	24	25	26	27	28	29

Notes

_____

_____

_____

Starting Balance: _____   **Dates:** _____

Date	Code/No.	Description	Debit (-)	Credit (+)	Balance

Notes

Starting Balance: _____ **Dates:** _____

Date	Code/No.	Description	Debit (-)	Credit (+)	Balance

Notes

Starting Balance: _____ **Dates:** _____

Date	Code/No.	Description	Debit (-)	Credit (+)	Balance

Notes

March 2020

Ending Balance: _____

Sun	Mon	Tue	Wed	Thu	Fri	Sat
1	2	3	4	5	6	7
8	9	10	11	12	13	14
15	16	17	18	19	20	21
22	23	24	25	26	27	28
29	30	31	1	2	3	4

Notes

_____

_____

_____

Starting Balance: _____ **Dates:** _____

Date	Code/No.	Description	Debit (-)	Credit (+)	Balance

Notes

Starting Balance: _____   **Dates:** _____

Date	Code/No.	Description	Debit (-)	Credit (+)	Balance

Notes

Starting Balance: _____ Dates: _____

Date	Code/No.	Description	Debit (-)	Credit (+)	Balance

Notes

April 2020

Ending Balance: _____

Sun	Mon	Tue	Wed	Thu	Fri	Sat
29	30	31	1	2	3	4
5	6	7	8	9	10	11
12	13	14	15	16	17	18
19	20	21	22	23	24	25
26	27	28	29	30	1	2

Notes

_____
_____
_____

Starting Balance: _____ **Dates:** _____

Date	Code/No.	Description	Debit (-)	Credit (+)	Balance

Notes

Starting Balance: _____ **Dates:** _____

Date	Code/No.	Description	Debit (-)	Credit (+)	Balance

Notes

Starting Balance: _____   **Dates:** _____

Date	Code/No.	Description	Debit (-)	Credit (+)	Balance

Notes

Starting Balance: _____ **Dates:** _____

Date	Code/No.	Description	Debit (-)	Credit (+)	Balance

Notes

May 2020

Ending Balance: _____

Sun	Mon	Tue	Wed	Thu	Fri	Sat
26	27	28	29	30	1	2
3	4	5	6	7	8	9
10	11	12	13	14	15	16
17	18	19	20	21	22	23
24	25	26	27	28	29	30
31	1	2	3	4	5	6

Notes

_____
_____
_____

Starting Balance: _____   **Dates:** _____

Date	Code/No.	Description	Debit (-)	Credit (+)	Balance

Notes

Starting Balance: _____ Dates: _____

Date	Code/No.	Description	Debit (-)	Credit (+)	Balance

Notes

Starting Balance: _____ **Dates:** _____

Date	Code/No.	Description	Debit (-)	Credit (+)	Balance

Notes

Starting Balance: _____   **Dates:** _____

Date	Code/No.	Description	Debit (-)	Credit (+)	Balance

Notes

June 2020

Ending Balance: _____

Sun	Mon	Tue	Wed	Thu	Fri	Sat
31	1	2	3	4	5	6
7	8	9	10	11	12	13
14	15	16	17	18	19	20
21	22	23	24	25	26	27
28	29	30	1	2	3	4

Notes

_____
_____
_____

Starting Balance: _____ **Dates:** _____

Date	Code/No.	Description	Debit (-)	Credit (+)	Balance

Notes

Starting Balance: _____ **Dates:** _____

Date	Code/No.	Description	Debit (-)	Credit (+)	Balance

Notes

Starting Balance: _____ **Dates:** _____

Date	Code/No.	Description	Debit (-)	Credit (+)	Balance

Notes

Starting Balance: _____ **Dates:** _____

Date	Code/No.	Description	Debit (-)	Credit (+)	Balance

Notes

July 2020

Ending Balance: _____

Sun	Mon	Tue	Wed	Thu	Fri	Sat
28	29	30	1	2	3	4
5	6	7	8	9	10	11
12	13	14	15	16	17	18
19	20	21	22	23	24	25
26	27	28	29	30	31	1

Notes

_____
_____
_____

Starting Balance: _____ **Dates:** _____

Date	Code/No.	Description	Debit (-)	Credit (+)	Balance

Notes

Starting Balance: _____ **Dates:** _____

Date	Code/No.	Description	Debit (-)	Credit (+)	Balance

Notes

Starting Balance: _____   **Dates:** _____

Date	Code/No.	Description	Debit (-)	Credit (+)	Balance

Notes

Starting Balance: _____ **Dates:** _____

Date	Code/No.	Description	Debit (-)	Credit (+)	Balance

Notes

August 2020

Ending Balance: _____

Sun	Mon	Tue	Wed	Thu	Fri	Sat
26	27	28	29	30	31	1
2	3	4	5	6	7	8
9	10	11	12	13	14	15
16	17	18	19	20	21	22
23	24	25	26	27	28	29
30	31	1	2	3	4	5

Notes

_____
_____
_____

Starting Balance: _____   **Dates:** _____

Date	Code/No.	Description	Debit (-)	Credit (+)	Balance

Notes

Starting Balance: _____   **Dates:** _____

Date	Code/No.	Description	Debit (-)	Credit (+)	Balance

Notes

Starting Balance: _____ **Dates:** _____

Date	Code/No.	Description	Debit (-)	Credit (+)	Balance

Notes

Starting Balance: _____   **Dates:** _____

Date	Code/No.	Description	Debit (-)	Credit (+)	Balance

Notes

September 2020

Ending Balance: _____

Sun	Mon	Tue	Wed	Thu	Fri	Sat
30	31	1	2	3	4	5
6	7	8	9	10	11	12
13	14	15	16	17	18	19
20	21	22	23	24	25	26
27	28	29	30	1	2	3

Notes

_____
_____
_____

Starting Balance: _____ **Dates:** _____

Date	Code/No.	Description	Debit (-)	Credit (+)	Balance

Notes

Starting Balance: _____ **Dates:** _____

Date	Code/No.	Description	Debit (-)	Credit (+)	Balance

Notes

Starting Balance: _____   **Dates:** _____

Date	Code/No.	Description	Debit (-)	Credit (+)	Balance

Notes

Starting Balance: _____   **Dates:** _____

Date	Code/No.	Description	Debit (-)	Credit (+)	Balance

Notes

October 2020

Ending Balance: _____

Sun	Mon	Tue	Wed	Thu	Fri	Sat
27	28	29	30	1	2	3
4	5	6	7	8	9	10
11	12	13	14	15	16	17
18	19	20	21	22	23	24
25	26	27	28	29	30	31

Notes

_____
_____
_____

Starting Balance: _____ **Dates:** _____

Date	Code/No.	Description	Debit (-)	Credit (+)	Balance

Notes

Starting Balance: _____ **Dates:** _____

Date	Code/No.	Description	Debit (-)	Credit (+)	Balance

Notes

Starting Balance: _____ **Dates:** _____

Date	Code/No.	Description	Debit (-)	Credit (+)	Balance

Notes

Starting Balance: _____   **Dates:** _____

Date	Code/No.	Description	Debit (-)	Credit (+)	Balance

Notes

November 2020

Ending Balance: _____

Sun	Mon	Tue	Wed	Thu	Fri	Sat
1	2	3	4	5	6	7
8	9	10	11	12	13	14
15	16	17	18	19	20	21
22	23	24	25	26	27	28
29	30	1	2	3	4	5

Notes

_____
_____
_____

Starting Balance: _____   **Dates:** _____

Date	Code/No.	Description	Debit (-)	Credit (+)	Balance

Notes

Starting Balance: _____ **Dates:** _____

Date	Code/No.	Description	Debit (-)	Credit (+)	Balance

Notes

Starting Balance: _____ **Dates:** _____

Date	Code/No.	Description	Debit (-)	Credit (+)	Balance

Notes

Starting Balance: _____ **Dates:** _____

Date	Code/No.	Description	Debit (-)	Credit (+)	Balance

Notes

December 2020

Ending Balance: _____

Sun	Mon	Tue	Wed	Thu	Fri	Sat
29	30	1	2	3	4	5
6	7	8	9	10	11	12
13	14	15	16	17	18	19
20	21	22	23	24	25	26
27	28	29	30	31	1	2

Notes

_____
_____
_____

Starting Balance: _____ **Dates:** _____

Date	Code/No.	Description	Debit (-)	Credit (+)	Balance

Notes

Starting Balance: _____ **Dates:** _____

Date	Code/No.	Description	Debit (-)	Credit (+)	Balance

Notes

Starting Balance: _____ **Dates:** _____

Date	Code/No.	Description	Debit (-)	Credit (+)	Balance

Notes

Starting Balance: _____   **Dates:** _____

Date	Code/No.	Description	Debit (-)	Credit (+)	Balance

Notes

January 2021

Ending Balance: _____

Sun	Mon	Tue	Wed	Thu	Fri	Sat
27	28	29	30	31	1	2
3	4	5	6	7	8	9
10	11	12	13	14	15	16
17	18	19	20	21	22	23
24	25	26	27	28	29	30
31	1	2	3	4	5	6

Notes

_____
_____
_____

Starting Balance: _____ **Dates:** _____

Date	Code/No.	Description	Debit (-)	Credit (+)	Balance

Notes

Starting Balance: _____   **Dates:** _____

Date	Code/No.	Description	Debit (-)	Credit (+)	Balance

Notes

Starting Balance: _____ **Dates:** _____

Date	Code/No.	Description	Debit (-)	Credit (+)	Balance

Notes

February 2021

Ending Balance: _____

Sun	Mon	Tue	Wed	Thu	Fri	Sat
31	1	2	3	4	5	6
7	8	9	10	11	12	13
14	15	16	17	18	19	20
21	22	23	24	25	26	27
28	1	2	3	4	5	6

Notes

_____
_____
_____

Starting Balance: _____ **Dates:** _____

Date	Code/No.	Description	Debit (-)	Credit (+)	Balance

Notes

Starting Balance: _____ **Dates:** _____

Date	Code/No.	Description	Debit (-)	Credit (+)	Balance

Notes

Starting Balance: _____ **Dates:** _____

Date	Code/No.	Description	Debit (-)	Credit (+)	Balance

Notes

March 2021

Ending Balance: _____

Sun	Mon	Tue	Wed	Thu	Fri	Sat
28	1	2	3	4	5	6
7	8	9	10	11	12	13
14	15	16	17	18	19	20
21	22	23	24	25	26	27
28	29	30	31	1	2	3

Notes

_____
_____
_____

Starting Balance: _____ **Dates:** _____

Date	Code/No.	Description	Debit (-)	Credit (+)	Balance

Notes

Starting Balance: _____ **Dates:** _____

Date	Code/No.	Description	Debit (-)	Credit (+)	Balance

Notes

Starting Balance: _____ **Dates:** _____

Date	Code/No.	Description	Debit (-)	Credit (+)	Balance

Notes

April 2021

Ending Balance: _____

Sun	Mon	Tue	Wed	Thu	Fri	Sat
28	29	30	31	1	2	3
4	5	6	7	8	9	10
11	12	13	14	15	16	17
18	19	20	21	22	23	24
25	26	27	28	29	30	1

Notes

_____
_____
_____

Starting Balance: _____ **Dates:** _____

Date	Code/No.	Description	Debit (-)	Credit (+)	Balance

Notes

Starting Balance: _____ **Dates:** _____

Date	Code/No.	Description	Debit (-)	Credit (+)	Balance

Notes

Starting Balance: _____   **Dates:** _____

Date	Code/No.	Description	Debit (-)	Credit (+)	Balance

Notes

May 2021

Ending Balance: _____

Sun	Mon	Tue	Wed	Thu	Fri	Sat
25	26	27	28	29	30	1
2	3	4	5	6	7	8
9	10	11	12	13	14	15
16	17	18	19	20	21	22
23	24	25	26	27	28	29
30	31	1	2	3	4	5

Notes

_____

_____

_____

Starting Balance: _____ **Dates:** _____

Date	Code/No.	Description	Debit (-)	Credit (+)	Balance

Notes

Starting Balance: _____ **Dates:** _____

Date	Code/No.	Description	Debit (-)	Credit (+)	Balance

Notes

Starting Balance: _____ **Dates:** _____

Date	Code/No.	Description	Debit (-)	Credit (+)	Balance

Notes

June 2021

Ending Balance: _____

Sun	Mon	Tue	Wed	Thu	Fri	Sat
30	31	1	2	3	4	5
6	7	8	9	10	11	12
13	14	15	16	17	18	19
20	21	22	23	24	25	26
27	28	29	30	1	2	3

Notes

_____
_____
_____

Starting Balance: _____ **Dates:** _____

Date	Code/No.	Description	Debit (-)	Credit (+)	Balance

Notes

Starting Balance: _____ **Dates:** _____

Date	Code/No.	Description	Debit (-)	Credit (+)	Balance

Notes

Starting Balance: _____ **Dates:** _____

Date	Code/No.	Description	Debit (-)	Credit (+)	Balance

Notes

July 2021

Ending Balance: _____

Sun	Mon	Tue	Wed	Thu	Fri	Sat
27	28	29	30	1	2	3
4	5	6	7	8	9	10
11	12	13	14	15	16	17
18	19	20	21	22	23	24
25	26	27	28	29	30	31

Notes

_____
_____
_____

Starting Balance: _____   **Dates:** _____

Date	Code/No.	Description	Debit (-)	Credit (+)	Balance

Notes

Starting Balance: _____   **Dates:** _____

Date	Code/No.	Description	Debit (-)	Credit (+)	Balance

Notes

Starting Balance: _____   **Dates:**_____

Date	Code/No.	Description	Debit (-)	Credit (+)	Balance

Notes

August 2021

Ending Balance: _____

Sun	Mon	Tue	Wed	Thu	Fri	Sat
1	2	3	4	5	6	7
8	9	10	11	12	13	14
15	16	17	18	19	20	21
22	23	24	25	26	27	28
29	30	31	1	2	3	4

Notes

_____
_____
_____

Starting Balance: _____   **Dates:** _____

Date	Code/No.	Description	Debit (-)	Credit (+)	Balance

Notes

Starting Balance: _____ **Dates:** _____

Date	Code/No.	Description	Debit (-)	Credit (+)	Balance

Notes

Starting Balance: _____ **Dates:** _____

Date	Code/No.	Description	Debit (-)	Credit (+)	Balance

Notes

September 2021

Ending Balance: _____

Sun	Mon	Tue	Wed	Thu	Fri	Sat
29	30	31	1	2	3	4
5	6	7	8	9	10	11
12	13	14	15	16	17	18
19	20	21	22	23	24	25
26	27	28	29	30	1	2

Notes

_____
_____
_____

Starting Balance: _____   **Dates:** _____

Date	Code/No.	Description	Debit (-)	Credit (+)	Balance

Notes

Starting Balance: _____ **Dates:** _____

Date	Code/No.	Description	Debit (-)	Credit (+)	Balance

Notes

Starting Balance: _____ **Dates:** _____

Date	Code/No.	Description	Debit (-)	Credit (+)	Balance

Notes

October 2021

Ending Balance: _____

Sun	Mon	Tue	Wed	Thu	Fri	Sat
26	27	28	29	30	1	2
3	4	5	6	7	8	9
10	11	12	13	14	15	16
17	18	19	20	21	22	23
24	25	26	27	28	29	30
31	1	2	3	4	5	6

Notes

_____
_____
_____

Starting Balance: _____   **Dates:** _____

Date	Code/No.	Description	Debit (-)	Credit (+)	Balance

Notes

Starting Balance: _____ **Dates:** _____

Date	Code/No.	Description	Debit (-)	Credit (+)	Balance

Notes

Starting Balance: _____   **Dates:** _____

Date	Code/No.	Description	Debit (-)	Credit (+)	Balance

Notes

November 2021

Ending Balance: _____

Sun	Mon	Tue	Wed	Thu	Fri	Sat
31	1	2	3	4	5	6
7	8	9	10	11	12	13
14	15	16	17	18	19	20
21	22	23	24	25	26	27
28	29	30	1	2	3	4

Notes

_____
_____
_____

Starting Balance: _____ **Dates:** _____

Date	Code/No.	Description	Debit (-)	Credit (+)	Balance

Notes

Starting Balance: _____ **Dates:** _____

Date	Code/No.	Description	Debit (-)	Credit (+)	Balance

Notes

Starting Balance: _____ **Dates:** _____

Date	Code/No.	Description	Debit (-)	Credit (+)	Balance

Notes

December 2021

Ending Balance: _____

Sun	Mon	Tue	Wed	Thu	Fri	Sat
28	29	30	1	2	3	4
5	6	7	8	9	10	11
12	13	14	15	16	17	18
19	20	21	22	23	24	25
26	27	28	29	30	31	1

Notes

_____
_____
_____

Starting Balance: _____   **Dates:** _____

Date	Code/No.	Description	Debit (-)	Credit (+)	Balance

Notes

Starting Balance: _____ Dates: _____

Date	Code/No.	Description	Debit (-)	Credit (+)	Balance

Notes

Starting Balance: _____ **Dates:** _____

Date	Code/No.	Description	Debit (-)	Credit (+)	Balance

Notes

Starting Balance: _____ **Dates:** _____

Date	Code/No.	Description	Debit (-)	Credit (+)	Balance

Notes

January 2022

Ending Balance: _____

Sun	Mon	Tue	Wed	Thu	Fri	Sat
26	27	28	29	30	31	1
2	3	4	5	6	7	8
9	10	11	12	13	14	15
16	17	18	19	20	21	22
23	24	25	26	27	28	29
30	31	1	2	3	4	5

Notes

_____

_____

_____

www.ingramcontent.com/pod-product-compliance
Lightning Source LLC
Chambersburg PA
CBHW070801220526
45466CB00013B/1359